Smalle digte

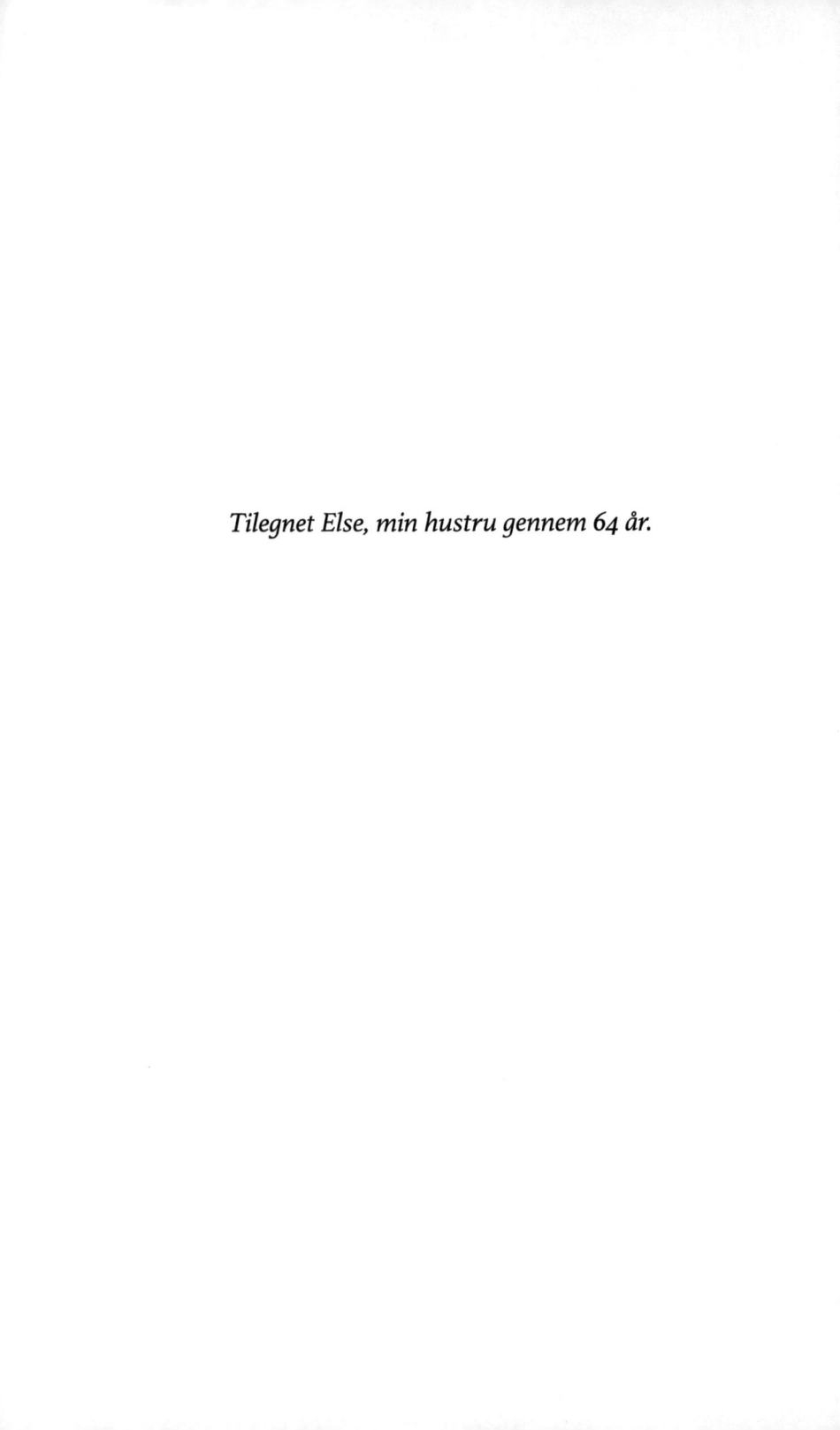

Tilegnet Else, min hustru gennem 64 år.

FINN CLASEN

Smalle digte

Forlag: Books on Demand GmbH, København, Danmark
Fremstilling: Books on Demand GmbH, Norderstedt, Tyskland
Bogen er fremstillet efter on-Demand-proces

ISBN 9788743004806

Indhold

Stof til eftertanke

Du er

Du
er
jo
kun
en
lille
brik
i
verdensaltets
mosaik.

Dog:
-
Hver
en
brik
er
helt
unik.

Og
derfor,
når
engang
du
dør,

er
verden
ikke
helt
som
før.

Et forløb

Livet

blev
givet,

blev
brugt.

Har
tæret,
har
næret.

Bar
frugt.

Ægget

Æggets
skal
er
genial -
en
ren
natur-
skulptur,
som
netop
dur
til
det
den
skal.

Sådan er det bare

Hvornår
begyndte
lyset
at
skinne?
Hvornår
begyndte
tiden
at
rinde?

er
spørgsmål,
vi
aldrig
får
svar
på.

For
tiden
går
nu,
som
tiden
kan
gå,

og
lyset
skinner,
hvorhen
lyset
kan
nå.

Hvem har magten?

I
gamle
dage
bøjede
man
nakken
og
føjede
sig
efter
magten.
-
-
I
dag
er
det
godt
nok
en
anden
stil.

Man
bøjer
stadigvæk
nakken

men
nu,
når
man
sidder
og
bøjer
sig
over
sin
mobil.

Op med humøret

Er
du
led
og
ked
af
sygdom,
som
du
plages
af
nu.

Så
bevar
i
dine
tanker
også
glæde
over
alle
de
skavanker,

du
IKKE
har.

Du skal huske at glemme

Du
skal
huske
at
glemme,
hvad
du
ikke
bør
huske
af
sager,
som
nager
og
som
netop
er
svære
at
glemme.

Vask

Når
hvidt
bli'r
sort,
kan
det
ofte
vaskes
bort.

Når
sort
-
bli'r
hvidt
-
uden
vask,

er
det
endnu
mer'
beskidt.

Din hånd i min

Din
hånd
i
min
og
min
i
din
forpligter

til
et
liv
i
fællesskab,
hvor
ingen
af
os
svigter.

Om at være to

To
om
bo.

To
om
at
få
og
gi'.

To
om
at
dele.

To
om
at
gå
en
tur
i
det
fri.

To
om
det
hele

Savn

Det
er
altid
et
savn,
når
en
ægtefælle
forsvinder
ud
af
ægteskabets
favn
-
et
savn,
du
aldrig
forvinder.

Men
du
skal
glæde
dig
over,

hvad
livet
har
givet
af
gode
minder,

-

-

-

inden
også
de

-

måske

-

forsvinder.

Livet
har
dog
meget
endnu
at
byde
på,
som
også
du
kan
nå.

Med venlig hilsen

Til en god ven,
som fik min printer til at fungere igen
efter nedbrud.

Tak

For
hjælpsomhed
og
møje

-

for
lysten
til
at
pille
ved
og
skille
ting,
som
ikke
vil

-

og
evnen
til
som
få
derpå
på
ny
at
føje
tak
i
hak
-
TAK

Til en ung, musikalsk klaverspiller

Et
hjem
med
manér,

med
takt
og
med
tone,

med
hund
og
klaver,

med
barn
og
med
kone,
-

og
så
far'n,
som
trakterer
tangenter
for
fulde
talenter
hver
ledige
stund.
-

Hvorfra
får
han
mon
sin
inspiration?

Fra
kilder
der
klukker,
og
gøge
som
kukker.

Fra
børnenes
latter,
fra måger
som
klatter.

Fra
skuder
der
tuder
i
tåger.

Fra
vårens
første
viber.
Fra
havebøren
som
piber.

Fra
regnen,
fra
himlen,
fra
gadevrimlen.

Fra
blade
som
der
blades
i

fra
blade
som
der
vades
i.

Fra
ure
der
tikker,
og
ure
der
takker.

Fra
nogen
som
drikker
en
bajer
og
snakker.

Fra
blide
vindes
sus.

Fra
bruserens
kolde
brus.

-

Og
fra
det
som
ingenting
si'r.

Af
det
bli'r
der
så
melodier.

Fra en mountainbikers dagbog

Nå!

Af
sted.

Hurtig
start.
Op
i
fart.

Snart
går
det
over
stok
og
sten.

Op
ad
bakke -
ned
i
dale.

Overhale,
hvor
man
kan.

Fare!

Foran
en
skræk-
slagen
hare,
som
farer
forvildet
forbi
og
bare
vil
væk

forsvinder.

Videre:

Over
en
bæk.

Nu
hen
ad
en
bulet
sti.

Forhjulet
rammer
en
rod.

Bumpen
og
slinger.

Mobilen
ringer.

Taster
besked.

Silen
af
regn.

Gennem
et
hegn.

Skrammer
på
låret.
Plaster
på
såret.

På
den
igen.

Hovsa!
en
grøft.
-
hurtig:
et
løft.

Savner
en
pude
til
rumpen.

Pløre
forude.

Sikken
et
føre!

Havner
pladask
i
sumpen.

Stænk
af
pladder
fra
fod
til
nakke
og
isse.

Og
så
skal
man
altså
pludselig
tisse.

Så
er
det
nok.

Tænk,
at
man
gad.

Nu
hjemad
til
bad,
til
madder
og
cykelvask.

Bare en lille historie

Papkassen

Hvad
gør
man,
når
man
er
5
år
og
dreng
og
lige
nu
står
med
en
papkasse???

Den
kunne
jo
blive
en
god
lille
hule
-

en
hule
at
skjule
sig
i,

når
verden
går
én
imod.

Den
kunne
vel
også
bruges
til
at
kure
ned
ad
taget
på
brændeskuret.

Men
omme
bag
laden
med
hø,

-

hvor
ingen
plejer
at
komme

-

er
der
dannet
en
sø

-

-

af
ajle.

Så
sagen
er
klar:

\-

Ud
at
sejle
i
egen
skude.

Har
ikke
prøvet
det
før.

Men
han
tør.

Han
støder
fra
land
og
står
til
søs

\-

uden
anker

-

uden
tanker
om
stanken

-

-

møder
frygtløs
den
brungule
bølge

-

midt
ude

-

med
følgende
følge:

Skibbrud.
Bunden
gik
ud.

Det
blev
heldigvis
set
bag
en
støvet
rude.

Han
blev
trukket
på
land.

Blev
ende-
vendt
for,
hvad
han
måtte
ha'
drukket.

Blev
overbruset,
skrubbet
og
gnubbet
i
vaskehuset.

Derpå
sendt
i
seng
med
aftensang
og
en
masse
tanker.

For
hvordan
får
man
fat
i
en
bedre
kasse
næste
gang???

Glimt fra forrige århundredes første halvdel

På Nakskov fjord

Om
bord
i
en
motorbåd
med
det
kryptiske,
rytmiske
navn
på
sin
stavn:
HA
DA
MA.

På
ekspedition -
med
strømmen -
med
drømmen
om
at
nå
eksotisk
destination
som
Enehøje
og
Albuen
i
Nakskov
fjord.

Mon
for
at
røve?
Eller
udøve
dåd?

Men
så
på
en
halv
favn
vand
gik
HA
DA
MA
fast
i
sand
og
fik
tang
i
skruen.
-
-
-
Drømmen
brast.

Nu
var
der
så
kun
at
stage
tilbage

-

bøje
for
bøje

-

-

mod
strømmen.

Sommerhuset
Vesterhave strand ved Karrebæksminde

En
simpel
lille
krum-
rygget
hytte
med
ind-
bygget
gennemtræk

nem
at
skille
ad
og
pille
ned
og
stille
væk.

Man
lo
ved
tanken
om
at
bo
der.

Men
den
var
til
salg
for
en
temmelig
rimelig
sum.

Var
det
mon
det
rette
valg?

Inde
var
der
tre
rum,
-

og
der
var
malt
malerier
med
strandscenerier
på
flere
skabe.
-

Mere
at
vinde -
mindre
at
tabe.

Så
den
blev
købt -
betalt
fra
konto
i
banken

blev
døbt,
blev
malt,
fik
vimpel
samt
sti
til
strand
og
vand.

Alt
i
alt
en
hytte,
som
år
efter
år
gav
større
udbytte,
end
banken
kunne
gi'.

Spand med bærepind

Ved
hytten
lå
et
lille
skur

-

et
das,

-

hvis
inventar
var
siddeplads,
papir
og
spand.

-

-

-

Med
tiden
bli'r
en
sådan
spand
jo
fyldt
til
rand.

Når
så
det
var
på
høje
tid,
bar
man

-

efter
tur

-

ved
nat

-

i
trav

-

den
skat,
som
flid
og
møje
gav

-

retur.

Slaraffenland

Når
solen
bager
dag
for
dag,
og
intet
tyder
på
omslag,

-

tager
man
blot
stol
og
bord
samt
parasol

-

og
går
fra
land.

Og
på
anden
revle

-

med
ben
og
bag
og
navle
under
vand

-

nyder
man
så

kaffen.

Et portræt fra stranden

Han
var
fast
inventar.
-
Når
han
ikke
var,
var
stranden
en
anden.

Han
nød
stor
agt.

Hvad
han
havde
sagt
stod
ved
uskreven
magt.

Han
var
lun
og
sjov

og
var
god
til
mad.

Hans
viden
om
alt,
hvad
der
gror,
var
stor.

Han
var
dreven
triller
som

bocciaspiller
og
selvskreven
dommer -
efter
behov -
hver
eneste
sommer.

Hans
stil
var
stilfærdig
og
samtidig
værdig.

Han
var
nobel -
ikke
i
zobel
og
mår -

men
i
slå-
brok
med
stribe -

og
han
medtog
net,
stok,
ur,
og
pibe,
når
han
drog
på
indkøbstur.

Sådan
var
han.

Årets gang i naturen

Fra løvfald til vår

Naturen
fejer
ud
af
efterårets
farveskrud
-
som
naturen
plejer
-
lukker
ned
og
slukker
-
holder
fri
-
går
i
hi.

Men
næste
år
så
genopstår
naturen

-

på
solens
varme
bud

-

folder
ud
i
al
sin
pragt

-

i
forårsdragt

-

-

som
brud.

Vinterstemning

Nu
er
skoven
atter
hyllet
helt
i
hvidt.

Og
fra
oven
lempes
lyset
let
fortryllet
dæmpet
diset
ned
igennem
skovens
kroner
-
i
bløde
blågrå
toner.

For
vi
er
midt
i
januar,
og
det
har
sneet
blidt.

Vårdrømme

*Når
tiden
er
inde,
vil
vinteren
svinde -
vige
for
vår.*

*Så
vil
milde
vinde
vinde
over
sne
og
slud.*

*Så
vil
bække
atter
bruse*

sluse
vinteren
ud.

Sol
vil
vække
gule
klatter
følfod
frem
på
visne
vejrabatter.

Så
vil
skovens
kroner
sprække -
springe
ud -
dække
nænsomt
over
hvide
anemoner
ved
sin
fod.

Og
når
fugle

-

trods
kulde

-

har
rederne
fulde
af
dunede
kuld,
og
der
dufter
af
muld

-

-

Så
er
det
vår!

Nå -
men
nu
sner
det
altså
igen.

Så er det endelig vår

Når
bøge
står
med
sprøde
bløde
blade
og
fødderne
i
blød
i
anemoners
glade
hvide
skovbundsflade.

Når
der
atter
lyder
nattergaletoner.

Når
det
pibler
og
risler
i
kilder
og
bæk.

Så
er
vinteren
læk.

Så
er
det
vår.

Morgentur i skov

Næppe
lyst
endnu.

Tyst,
blød
gang
på
sti
med
grannåle-
tæppe.

Klam
luft.

Ram
lugt
af
ræv
på
rov.

Dagen
gryr.

Solen
oppe.

Solstråle-
glød
i
trætoppe.

Duft
af
fyr.

Rå
med
lam,
som
vender
omkring
-
forsvinder
-
i
graciøse
lydløse
spring.

Genklang
af
duekur
i
højskov

Blid
vind.

Svæv
af
fnug.

Spind
med
dug,
der
funkler.

Å
med
vandranunkler.

Mose
med
porse
og
pil.

Hede
med
tid
til
et
hvil.

Efterår

Det
er
efterår
i
skoven.

Korte
dage.

Det
er
tid
for
bøgens
blade
at
forlade
træernes
kroner.

Jorden
kalder.

Så
nu
falder
millioner
af
gyldentgule
blade

\-

ned
gennem
solens
strålespil

\-

mellem
sorte
bøgestammer

\-

\-

rammer
jordens
flade.

Lag
på
lag
vil
dag
for
dag
skjule
grene
og
kviste.

Snart
er
kun
det
sidste
blad
tilbage

-

-

helt
alene.

Gus

En
kyst.

Dage
med
gus.

Man
skutter
sig.

Her
er
tyst
på
stranden.

Svage
fralandsvinde.

Små
bølger
følger
efter
hinanden
mod
land

-
for
så
at
forsvinde
i
strandkantens
grus.

En
kutter
dunker
dæmpet
derude
i
disen.

Pludselig
griber
en
hvirvelvind
ind
med
et
sus
og
får
solstriber
frem.

Det
bli'r
lyst.

Som
ved
et
trylleslag
bli'r
det
dag.

Tågen
er
forbi.

Solen
er
atter
fri.

Spåner fra værkstedet

Hvor bli'r regnen dog a'?
(i en regnvejrsperiode)

Det
regner
og
regner
hver
eneste
dag
ovenfra.

Men
hvor
bli'r
mon
regnen
så
derefter
a'?

Mon
den
tar'
hele
turen
igennem
til
muren
og
regner
så
dér

nedefra?

Tiden løber

Når
tiden
løber
rask
af
sted,
så
løber
jeg
fornøjet
med.

Men
Når
så
noget
går
mig
på,
går
tiden

-

-

næsten

-

-

-

helt

-

-

-

-

i

-

-

-

-

-

stå.

Næsenissen

Min
næsenisse
er
bare
så
sød

nuttet,
buttet,
blød.

Han
står
her
på
bordet
i
spisestuen.

Han
har
nissehuen
ned
over
panden,
-

i
næsen
sidder
så
forstanden.

Når
jeg
sidder
og
spiser
og
læser
aviser,
er
jeg
sikker
på,
at
han
kikker
på
mig
gennem
huen.

Men
når
en
næsenisse
skal
tisse,
kan
han
så
ramme
med
det
samme
?

På en sur regnvejrsdag

Et
venligt
vink
i
trafikken
øger
humøret
uanset
føret.

-

-

Optag
gerne
skikken.

Brændt af?

Rygere
går
op
i
røg!

Leksikonopslag
på

mobilen:

legemsdel

-

del
af
profilen.